FRANCESCA CAVALLO

LA MUJER MÁS RÁPIDA DEL MUNDO

LA HISTORIA DE TATYANA MCFADDEN

Ilustrado por **Luis San Vicente**

undercats

DIRECCIÓN EDITORIAL: Francesca Cavallo
HISTORIA: Francesca Cavallo
ILUSTRACIONES: Luis San Vicente
DISEÑO GRÁFICO: Francesca Pignataro
TRADUCCIÓN: Undercats, Inc.

La mujer más rápida del mundo: la historia de Tatyana McFadden
es una publicación de Undercats, Inc., una pequeña casa editorial
independiente con una gran misión: aumentar radicalmente la
diversidad en los medios de comunicación para niños e inspirar a las
familias a cumplir acciones que favorezcan la igualdad.

Para conocer más sobre nuestros libros y descargar materiales
adicionales e historias gratuitas, visítenos en www.undercats.com.

Impreso en Canadá

En Undercats, hacemos nuestro mejor esfuerzo todos los días para
minimizar nuestra huella de carbono. Imprimimos este libro utilizando
únicamente materiales certificados FSC® y siempre nos aseguramos
de imprimir nuestros libros en plantas cercanas a nuestros centros
de distribución para reducir las emisiones de carbono relacionadas
con el transporte.

Queridos lectores:

La historia de esperanza y posibilidad, perseverancia y coraje, impulso y dedicación de Tatyana McFadden debería inspirarnos a todos. Creció en un orfanato, fue adoptada por una amorosa familia estadounidense y tuvo la libertad de perseguir sus sueños sin limitaciones. Tatyana es un regalo para el mundo: una atleta educada y realizada que simplemente está en una silla de ruedas.

Estoy escribiendo esta introducción desde una perspectiva personal... Yo soy su Madre. La primera vez que conocí a esta niña, fue durante un viaje de negocios a Rusia mientras trabajaba como Comisionada para las personas con discapacidad bajo el presidente George Bush. El brillo de sus ojos y su actitud de "puedo hacerlo yo misma" me cautivaron de inmediato. Ese primer encuentro cambió mi vida y la de Tatyana.

Yo también nací con una discapacidad y he defendido toda mi vida a las personas con discapacidad. Nunca había experimentado los desafíos que enfrentan los padres cuando ven el mundo a través de los ojos de su hijo o hija que tiene una discapacidad. Tatyana me donó esa oportunidad. Espero que, al leer este libro, ustedes también adopten una mayor conciencia sobre los desafíos que las personas con discapacidades enfrentan todos los días.

¡Gracias, Undercats, por compartir la historia de Tatyana McFadden, mi maravillosa hija!

Deborah L. McFadden
Ex Comisionada para las personas con discapacidad
Presidente y fundadora de Competitive Edge
Mamá de Tatyana

A los niños y adultos que hacen
las cosas a su manera.

HACE MUCHO TIEMPO,

una mujer muy pobre dejó un bebé en la puerta de un gran edificio gris en Rusia.

En la Casa 13, había muchos niños,
pero no había mamás ni papás.

De hecho, era una casa donde los niños que
no tenían padres iban a vivir juntos.

Todas las mañanas, las mujeres que trabajaban
en esa casa lavaban a los niños con una manguera
y luego les daban una sopa de repollo y papa.

Día tras día, sopa tras sopa,
los niños crecían.

Cuando los otros bebés de la Casa 13 comenzaron a caminar, Tatyana se dio cuenta de que no podía hacerlo como ellos. Mientras sus amigos caminaban sobre sus pies,

Tatyana tuvo que caminar sobre sus **MANOS.**

Tatyana tenía una condición llamada
espina bífida. Sus piernas no la sostenían.

Mientras sus amigos subían a los árboles
usando sus brazos Y sus piernas,
Tatyana solo usaba sus brazos.

Con el tiempo, ¡se volvió increíblemente

FUERTE!

A menudo, llegaban visitas a la Casa 13.

A veces, cuando esas visitas se iban,
uno de los niños se iba con ellos.

Eso significaba que lo había adoptado.

A partir de ese momento, esa niña o niño tendría padres
y las visitas tendrían una hija o un hijo.

Tatyana se ponía triste cuando sus amigos partían.

No sabía si los volvería a ver.

Ni siquiera sabía dónde iban a vivir,
nunca había estado fuera de la Casa 13.

Un día, llegó una visita muy especial
llamada Deborah.

Ella venía de un lugar lejano llamado
Estados Unidos y emocionó a todos.

Limpiaron la casa hasta dejarla impecable
y todos los niños vistieron sus mejores galas.

Tatyana se arregló el gran lazo color rosa que tenía sobre la cabeza. Deborah la notó de inmediato.

"¿Cuál es tu nombre, pequeña?"
le preguntó.
"Tatyana",
respondió la niña, abrazando a Deborah.
Deborah le dio a Tatyana un gran beso.

Cuando se fue, Tatyana les dijo a sus cuidadores:
"Ella es mi madre".

Tatyana nunca había visto una silla de ruedas.
Cuando la probó por primera vez, quedó asombrada
por lo rápido que podía moverse. ¡Era casi como volar!

Al día siguiente, Deborah regresó a la Casa 13.

Había comprado algunos regalos para Tatyana:
un conejito de peluche y unas matrioskas.
¡Pero el mejor regalo fue una silla de ruedas!

"¿Te gustaría ir a vivir con Deborah en los Estados Unidos?" le preguntó el director del orfanato.

"¡Sí! Me encantaría," respondió Tatyana.

Cuando Tatyana llegó a su nuevo hogar,
descubrió que no tenía una madre,
sino dos: ¡Deborah y Bridget!

Se pasaba los días preguntándoles:
"¿Y esto qué es?"

Tatyana no solo estaba aprendiendo inglés, también
estaba aprendiendo sobre el mundo fuera de la Casa 13.

Las mamás de Tatyana la animaron a que probara
muchos deportes. Pero no fue siempre fácil.

A veces, cuando la gente veía que Tatyana
estaba en silla de ruedas, solo pensaban en
lo que no podía hacer.

Pero después de pasar un poco de tiempo con ella,
se daban cuenta que podía hacer casi

CUALQUIER COSA.

Solo necesitaba hacerlo a su manera.

Tatyana practicó natación, jugó baloncesto y hockey y trepó cuerdas. Debido a que era la estudiante más fuerte de su clase,

era a ella a quien acudían sus amigos cuando se quedaban atascados. Pero había algo que ella amaba más que cualquier otro deporte:

LAS CARRERAS.

Cuando Tatyana tenía 15 años, su entrenador le preguntó: "¿Te gustaría correr en los Juegos Paralímpicos?*"

Tatyana estaba muy emocionada.

Corrió a casa y se lo contó a sus mamás. "¿Quieres hacerlo?", le preguntó Deborah.

Tatyana asintió con entusiasmo.

* ¡LOS <u>JUEGOS PARALÍMPICOS</u> SON EL EVENTO MULTIDEPORTIVO MÁS IMPORTANTE DEL MUNDO PARA LAS PERSONAS CON DISCAPACIDADES FÍSICAS!

Cuando Tatyana llegó a Atenas para
participar en los juegos, miró a su alrededor.
Había cuatro mil atletas, todos con discapacidades,
que corrían, saltaban, nadaban y lanzaban.

¡También había miles
de espectadores!

Su abuela hizo una gran pancarta para que
Tatyana pudiera verla fácilmente desde la pista.

Tatyana ganó sus dos primeras medallas paralímpicas en Atenas: ¡plata en los 100 metros y bronce en los 200 metros!

Ganar sus dos primeras medallas motivó a Tatyana a entrenar aún más. 400 metros, 800 metros, maratones: cuanto más corría, más ganaba.

Rompió récords hasta que la gente comenzó a llamarla

LA MUJER MÁS RÁPIDA DEL MUNDO.

A un cierto punto, Tatyana comenzó a practicar esquí nórdico y ganó una medalla de plata en los Juegos Paralímpicos de Invierno en su país natal, Rusia.

Ese día, por primera vez, la madre biológica de Tatyana pudo verla competir.

Y cuando cruzó la línea de meta, sus tres mamás estaban allí para darle a su campeona el abrazo más fuerte.

MIS MEDALLAS

¡Cada vez que pruebes algo nuevo a tu manera, debes darte una medalla!

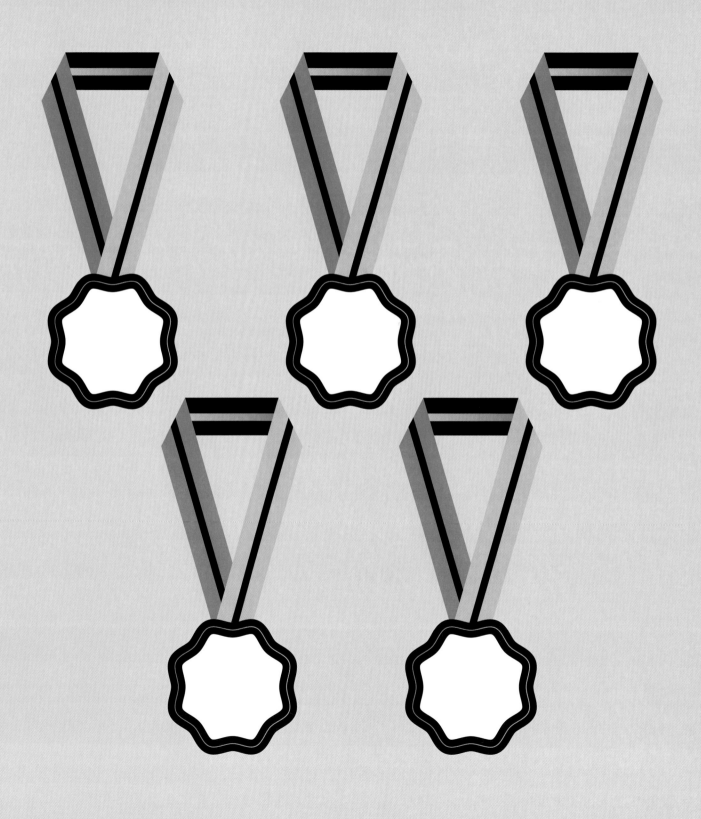

TATYANA MCFADDEN

Tatyana McFadden tiene 17 medallas paralímpicas, siete de ellas de oro; y ha conseguido 24 victorias en la *World Major Marathon* . Durante los Juegos Paralímpicos de Río en 2016, el Comité Olímpico/Paralímpico de los Estados Unidos la nombró la Mejor Atleta Femenina y fue honrada como la mejor atleta femenina del mundo por su desempeño sobresaliente, por superar la adversidad y personificar la deportividad.

En 2020, trabajó como productora y protagonista de *Rising Phoenix*, la película documental que cuenta la historia del Movimiento Paralímpico a través de las vidas de nueve atletas paralímpicos.

Tatyana participa activamente en la promoción de los derechos de las personas con discapacidad. Desempeñó un papel clave en la aprobación de la Ley de igualdad en aptitud física y atletismo para estudiantes con discapacidades de Maryland, gracias a la cual los estudiantes con discapacidades ahora tienen el acceso paritario para competir en atletismo interescolar en todo los Estados Unidos.

Tatyana recibió su maestría en Educación de la Universidad de Illinois, así como una licenciatura en Desarrollo humano y estudios de la familia. Ella vive y entrena en Florida. ¡Tiene un perro llamado Bentley!

Hay más información sobre ella en **tatyanamcfadden.com**.

FRANCESCA CAVALLO es una autora galardonada best-seller del *New York Times*, emprendedora y activista. Es cocreadora de la serie de libros y pódcast *Cuentos de buenas noches para niñas rebeldes* y recibió el premio Publisher's Weekly StarWatch en 2018. En 2019, dejó Rebel Girls, que había cofundado, para iniciar Undercats, Inc. El trabajo de Francesca ha sido traducido a más de 50 idiomas y sus libros han vendido más de 5 millones de ejemplares en todo el mundo.

Instagram: @francescatherebel

LUIS SAN VINCENTE ha ilustrado más de 40 libros. Su trabajo ha sido reconocido por varios concursos de ilustración en todo el mundo. Luis vive y trabaja en Ciudad de México.

Instagram: @luis_sanvicente_ilustrador

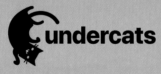

Undercats es una pequeña casa editorial independiente con una gran misión: aumentar radicalmente la diversidad en los medios de comunicación para niños e inspirar a las familias a cumplir acciones que favorezcan la igualdad. Somos una empresa liderada por mujeres, de una emprendedora de la comunidad LGBTQ+, con un equipo muy diverso distribuido en dos continentes.

Para nosotros, los libros son oportunidades para crear conexiones humanas.
Nos encantaría entrar en contacto con ustedes, por eso creamos nuestro boletín "Buenas noches esta noche". Cada mes enviamos gratis a nuestros inscritos cuentos de buenas noches que celebren algunas de las cosas más hermosas que suceden en el mundo. Para recibirlos, basta registrarse:

www.undercats.com/goodnight

¡Esperamos sus comentarios sobre este libro!

Instagram: @undercatsmedia Twitter: @undercatsmedia